ROBERT CASTEL

RESÚMENES SELECCIONADOS

INTRODUCCIÓN

Nos proponemos hacer un recorrido por algunos textos seleccionados del sociólogo francés Robert Castel.

Analizaremos algunos de los textos clave de este autor, a saber:

- LA LÓGICA DE LA EXCLUSIÓN, capítulo 1
- LAS METAMORFOSIS DE LA CUESTIÓN SOCIAL, prólogo y capítulos 5 y 7

LA LÓGICA DE LA EXCLUSIÓN

CAPÍTULO 1   LA LÓGICA DE LA EXCLUSIÓN

I. Marginalidad y exclusión, una perspectiva histórica

El concepto de marginalidad proviene de margen (frontera), y hace referencia a todos aquellos que no están integrados en las redes productoras de la riqueza y el reconocimiento social. Se encuentra al "margen" de los valores dominantes, aunque ligados a ellos, ya que son lo opuesto al integrado.

a. Los marginales, un universo estigmatizado

El termino de marginado aparece a fines de 1960, aunque se remite históricamente desde el siglo XIV al XVIII a grupos sociales que tenían una forma de vida atípica y mal vista que comprendía desde vagabundos y prostitutas a viajeros de todo tipo (monjes, soldados, ladrones, etc.). Las características de estos eran:

- Rechazo al trabajo reglamentado y a la posesión de un patrimonio: esto es, sobrevivían como mendigos pero eran aptos para realizar cualquier tipo de trabajo. Para terminar con ello se implementaron medidas represivas que penaban el ocio.
- El marginado al no tener trabajo fijo es un errante y por ello vagabundea y no tiene vínculo alguno con la sociedad. Aquí surge una distinción: marginalidad no es pobreza, ya que el pobre esta ligado a un orden, el marginal sólo circula.
- Inestabilidad afectiva, sexual y social: la marginalidad representa un universo diferente al del orden social establecido. El marginal altera a la "gente de bien".

b. Marginalidad, exclusión y vulnerabilidad social

La marginalidad es una representación ambigua, esto se debe a que presenta dos caras:

1. Es una exclusión concertada
2. "Marca" (estigmatiza) a aquellos que no pueden encontrar un lugar.

1. La exclusión no es marginalización

Toda EXCLUSIÓN se sostiene sobre el juicio de una instancia oficial. Esto puede tomar muchas formas, como así ocurrió con la Inquisición en toda Europa, la cual no solo condenó a muerte, sino que expulsó y encerró a quienes consideró herejes.

La MARGINALIZACIÓN no necesariamente es exclusión, ya que puede ser una actitud personal hacia una determinada sociedad. Por ejemplo, la historia de Lazarillo de Tomes en el siglo XVI sirve como modelo, ya que se trata de un marginado que vaga por las ciudades buscando la forma de sobrevivir como ladrón o criado, pero que después de un tiempo se integra a esa sociedad. La marginalidad esta en la frontera entre el mundo del crimen y el del trabajo, entre la miseria y el deseo de mejorar.

La situación del vagabundo de los siglos XIV al XVIII muestra, en la mayoría de los casos, una tendencia al desarraigo de su hogar; una ruptura con los vínculos originales que lo protegen, por lo que esta obligado a deambular y a mantener una vida inestable e imprevisible. El marginal proviene de las capas sociales más pauperizadas. Sin embargo, no hay que descartar a personas de sectores mejor posicionados (una especie de marginalidad de "lujo").

c. Marginalidad y cambio social

La marginalización es un producto social que tiene su origen en la estructura social, la organización del trabajo y el sistema de valores dominantes. Todos estos factores brindan un espacio, una jerarquía que el marginado no posee, y por ello es mal visto. Sin embargo, estos mismos marginados han sido protagonistas de innumerables cambios en las sociedades pre-industriales.

Es así como la revolución industrial y política del siglo XVIII destruyo aunque, a la vez, genero nuevas formas de marginalidad, ya que todos aquellos que se vieron desarraigados de un territorio (la conocida expulsión que sufrieron miles de campesinos en la transición del feudalismo al capitalismo), deambularon hasta llegar a las ciudades, incorporándose como obreros a las primeras industrias. Las nuevas condiciones de trabajo no solo eran miserables sino que también precarias y socialmente marginadas, hasta bien entrado el siglo XIX.

Según A. Comte eran proletarios que "acampan en medio de la sociedad occidental sin ubicarse en ella". Y aunque estos proletarios dejan de ser marginados para integrarse a la sociedad industrial, nacen nuevas formas de marginalidad asociada a la sociedad que está naciendo, reproduciendo la antigua asociación entre miseria y crimen.

Esta misma situación puede compararse con lo que sucede actualmente, en tanto se comprenda que todo el proceso de transformación del aparato productivo, esto es, la incorporación de nuevas tecnologías, la globalización y la recomposición de las relaciones de trabajo (flexibilización laboral) llevan a la aparición de una nueva marginalidad. Por un lado, el desempleo y la precarización de las condiciones de trabajo (contratos de corta duración, salarios bajos, etc); y por el otro lado, la dificultad para entrar en las relaciones reglamentadas de trabajo lleva a que amplios sectores se sientan desplazados. Es el caso de los jóvenes que deben mantenerse de distintas formas: trabajo en negro, delincuencia, auxilio social, etc. Ya que no son ellos (ni cualquier otro marginado, como los mayores de 50 anos) los que eligieron y produjeron las transformaciones en el sistema productivo.

Se asiste al desarrollo de una novedosa "cultura de lo aleatorio" y de "espacios intermedios", donde aparecen nuevos marginados que buscan como Lazarillo insertarse en la sociedad.

II. La vulnerabilidad social

Para que haya desigualdad social es preciso que una sociedad deje de ser dividida en bloques heterogéneos y se convierta en un conjunto de grupos en situación de competencia que se enfrentan por la repartición de la riqueza social. Por ello, DESIGUALDAD IMPLICA UNA LUCHA DENTRO DE UN SISTEMA caracterizado por la presencia central del trabajo y la idea de progreso. EL EXCLUÍDO NO TIENE CON QUÉ LUCHAR, ni enorgullecerse.

A) Desigualdades sociales y *continuum* salarial

La lucha contra la desigualdad y el aumento del número da asalariados en la sociedad industrial estuvo marcado por dos etapas:

a) Del enfrentamiento de clases a la reducción de los riesgos sociales

En la historia de la lucha contra las desigualdades aquellos que sostenían una posición radical (contra el sistema) eran minoritarios con relación a los reformistas que planteaban una reducción, aunque de alcance moderado, de los riesgos de exclusión que amenazaban a los grupos mas desfavorecidos; así en Francia, hasta después de la Segunda Guerra Mundial, la lucha contra la desigualdad tenia los siguientes principios:

- Legislación social: seguros contra la vejez, enfermedad, etc.
- Educación para todos (solo escuela primaria).
- Servicios públicos para todos.

Estos principios correspondían al asalariado que, por otra parte, designaba solo a aquellos trabajadores manuales con bajo prestigio social y de cargos laborales inferiores. El carácter específico de estos principios era para compensar a los más vulnerables por la miseria.

Dicha política compensatoria, llevada a cabo por la burguesía y los sectores obreros reformistas, no solucionaba el verdadero problema de la desigualdad a gran escala social, así como tampoco la corriente que propugnaba la completa abolición del capitalismo como sistema (los radicales). Aquí surge un "paradójico" punto de encuentro entre burgueses, obreros reformistas y radicales porque tales corrientes poseen el mismo modelo de obrero, esto es como un mero asalariado.

b) De la lucha contra la vulnerabilidad a la cuestión de las desigualdades

A partir de 1930 el asalariado se transformara a la par del desarrollo de la industrialización, provocando un irremediable proceso de diferenciación y generalización que culmina en los '70s.

- DIFERENCIACIÓN: después de la Segunda Guerra Mundial, el asalariado obrero se ve diferenciado de otros por salarios y puestos mejores.
- GENERALIZACIÓN: aumenta el número de personas que son calificadas como asalariados, desde el obrero hasta el profesional. La mayor parte de la dinámica social está organizada alrededor del asalariado. Siguen existiendo profundas desigualdades sociales.

c) La dinámica de reducción de las desigualdades de la sociedad salarial

El autor ve a la sociedad salarial como un *continuum* de posiciones jerarquizadas en la escala del salariado: los obreros siguen siendo obreros aunque con posición y salarios distintos. También implica que la clase obrera ya no es ese actor colectivo (conjunto indiferenciado) alrededor del cual la historia social había girado. Ahora existe una sociedad de comparación que se mide por la diferenciación y la desigualdad; siguiendo a Bordieu, "yo me defino, yo y mi grupo de referencia por comparación oposición con otros estratos sociales".

Después de la Segunda Guerra Mundial el periodo de expansión económico lleva a la cuestión del antagonismo de clase a ser suplantada por la repartición de los frutos del crecimiento económico. Por ello, aunque había desigualdades y no se reconocían verdaderamente lo que se reclamaba, existía la esperanza de atenuar tales desigualdades. A medida que paso el tiempo los progresos en disminuir las desigualdades mejoro, pero estaba lejos de constituir un ideal.

Así, en los '70s había dos posiciones: por un lado, los que creían que de a poco las desigualdades disminuirían. Por otro, que eso esa momentáneo, un ideal ingenuo. Esta segunda es la postura de Castel.

B) Fragmentación de los asalariados, vulnerabilidad y desigualdades

Así es como hoy el temor a la perdida de status salarial y al desempleo reemplazan la preocupación por luchar contra las desigualdades. Y disminuyen los conflictos sociales por estos temores. Para Castel, esto se deba a:

I) La precariedad de las relaciones de trabajo
II) La desigualdad como resultado de tal precariedad laboral
III) La transformación presentaría las siguientes características:

a- Los procesos de precariedad y de individualización que lleva a:

- Multiplicación de los tipos de contratos de trabajo: el nacimiento de contratos temporales que no aseguran la estabilidad del empleo.
- Parcelación de la negociación colectiva: "micro-negociación" con los empresarios, esto va en contra de los grandes convenios interprofesionales.
- Tendencia a la individualización de la relación salarial: la adecuación del tiempo de trabajo y las remuneraciones se tornan individuales.

b- Las desigualdades frente a la transformación de las relaciones de trabajo:

- El riesgo de desempleo, los contratos a términos definidos (es decir, temporales) y la degradación de las condiciones de trabajo es mayor para los que están más abajo en la jerarquía laboral (mas los obreros que los mandos).
- Las nuevas normas de trabajo exigen flexibilidad, adaptación y movilidad constante para reciclarse laboralmente. De esta manera se benefician los "fuertes", es decir aquellos que poseen formación y competencias mas diversificadas. Para los que no se adaptan significa destitución, perdida de protecciones colectivas y aislamiento. Surgen dos perfiles de trabajo en el mercado laboral: el de la flexibilidad interna (hacia adentro de cada empresa), y el de la flexibilidad externa (más precarios, dados por la subcontratación).

Esta inseguridad laboral y degradación social comenzó en los '70, pero se acentúo en los '90; ello es, actualmente, uno de los motivos que más preocupa a la población.

c- Las relaciones precariedad-desigualdades

La incertidumbre por el status del empleo predomina sobre la reducción de las desigualdades, por ello se puede decir que las desigualdades se profundizan, y esto porque:

- Existe más empobrecimiento a pesar de que hubo crecimiento económico.
- Aumentó la brecha entre ricos y pobres.
- Se perfilan tres tendencias sociales (en contra de las teorías de una sociedad "dual"):

- Desestabilización de los estables: trabajadores en proceso de envejecimiento (parte de la clase obrera clásica con más de 40 años)
- Instalación en la precariedad: jóvenes condenados a la precariedad y a "vivir al día".

* Población "supernumeraria": desempleados de larga duración, incapaces de reintegrarse al sistema.

ESTAS TRES TENDENCIAS QUIEBRAN LOS FUNDAMENTOS DE LA SOCIEDAD SALARIAL e invitan a estudiar las nuevas desigualdades y vulnerabilidades.

LAS METAMORFOSIS DE LA CUESTIÓN SOCIAL

PRÓLOGO

El autor propone activar la memoria para comprender el presente y salir de la incertidumbre. ¿Se puede evitar un rodeo para entender lo específico de la situación, aquí y ahora? Por ejemplo, podemos observar el estado de la condición salarial: desempleo masivo, precarización del empleo, falla de los sistemas tradicionales de protección, aumento de supernumerarios, o sea, imposibles de emplear, desempleados o con ocupación intermitente, irregular.

¿Con qué criterios definimos esta situación azarosa? Durante mucho tiempo, la condición del salariado fue de las más inseguras, indignas y miserables. El asalariado tenía un valor social ínfimo, y nada para intercambiar. Serlo, significaba estar degradado, como el artesano arruinado, el campesino feudal que ya no podía comer del producto de su tierra, el obrero que ya no era aprendiz, pero tampoco maestro. Significaba ser dependiente, vivir "al día", sufrir carencias. Los primeros asalariados vivían apenas un poco mejor que los antiguos siervos. Por ejemplo, el partido principal de gobierno de la Tercera República (en Francia), en el Congreso de Marsella de 1922, propuso en su programa "la abolición del salariado, que es una supervivencia de la esclavitud".[1]

"Lo que tenemos ante nosotros es la perspectiva de una sociedad de trabajadores sin trabajo... Imposible imaginar nada peor".

Hannah Arendt

¿Cómo llegó el salariado a superar estas desventajas para convertirse en la base de la "sociedad salarial" moderna, en la década de 1960? Es necesario caracterizar sociológicamente el lugar ocupado por el salariado en la historia para percibir el peligro de fractura que amenaza a la sociedad y subrayar la precariedad, la vulnerabilidad, la exclusión, la segregación, el relegamiento, la desafiliación o desarraigo. Después de haber llegado a un contexto de protección, de fuertes sistemas de cobertura trabajosamente impuestos y garantizados por el Estado, se ha producido el grave deterioro que observamos. Esta inseguridad actual es diferente de la que era habitual para lo que antaño se llamaba "el pueblo". No tiene sentido hablar de crisis si no se precisa esa diferencia. ¿Qué distingue a la antigua inseguridad de la precariedad de hoy?

Castel analiza la HISTORIA DEL PRESENTE, a través de la reconstrucción del proceso de transformaciones heredadas hoy. El presente no es sólo lo actual sino, también, lo heredado, que necesitamos conocer para entender y actuar.

La intención es entender lo incierto de los estatutos, la fragilidad del vínculo social, los procesos alterados. En el actual contexto de anomia, de dificultad para la integración, adquieren sentido la decadencia social, el individualismo, el

---

[1] Cl. Nicolet, *Le radicalisme*, París, PUF, 1974, pág.

desarraigo. La idea es reflexionar sobre la cohesión social desde el análisis de situaciones de disociación. Y mensurar la presencia de individuos en situación de flotación en la estructura social: desempleo prolongado, marginales que habitan la periferia, personas que viven con un salario mínimo de inserción, víctimas de reconversiones industriales, jóvenes que van de una pasantía a otra, en empleos circunstanciales. ¿Quiénes son, de dónde vienen, cómo han llegado a esto, en qué se han convertido?

El factor determinante sería la RELACIÓN CON EL TRABAJO o con su falta, para reubicar las situaciones en la dinámica social que las determina. El trabajo está considerado como sostén privilegiado de INSERCIÓN EN LA ESTRUCTURA SOCIAL. Hay un fuerte vínculo entre el lugar que uno ocupa en la división social del trabajo y la participación en las redes de sociabilidad y los sistemas de protección que resguardarían de los riesgos de la vida. Tratamos de definir "zonas de cohesión social". Habría una posibilidad de integración en la relación entre: TRABAJO ESTABLE / INSERCIÓN RELACIONAL SÓLIDA.

Y, al contrario, la falta de participación en la actividad productiva y de relaciones tendría efecto negativo aumentando el riesgo de exclusión, el desarraigo, como intentaremos demostrar. La fragilidad social es una zona intermedia, inestable.

Estas asociaciones no son mecánicas. Por ejemplo, hay muchos grupos populares en los que la precariedad se ve compensada por la solidez de las redes de protección entre vecinos. En las crisis económicas, la zona de fragilidad se extiende y promueve el desarraigo.

La forma de equilibrio entre esas zonas puede servir para evaluar el grado de cohesión de un conjunto social en un momento dado: esa es la hipótesis que tratara de demostrar el autor. Sería un esquema formal, que confirmarán, o no, su validez mediante el análisis.

Observaciones previas

PRIMERO: el esquema propuesto no coincide con la estratificación social. Existen grupos bien integrados, aunque con pocos recursos. Los artesanos, por ejemplo, se estructuran en corporaciones y, si bien los ingresos son bajos, gozan de estabilidad y buena protección contra los riesgos sociales. Además, hay una pobreza integrada: la de las poblaciones asistidas, porque la falta de recursos promueve "protección cercana". LA DIMENSIÓN ECONÓMICA NO ES EL RASGO FUNDAMENTAL. La cuestión no es la pobreza sino las relaciones entre precariedad económica e inestabilidad social.

SEGUNDO: el autor no propone un modelo estático sino el análisis de los procesos que llevan de una zona a otra. Por ejemplo, el paso de la integración a la fragilidad, y de ésta a la inexistencia social.[2] El autor denomina DESAFILIACIÓN a la exclusión, para referirse al desenlace de ese paso. Proponemos, en su lugar, el término DESARRAIGO. Explica que la exclusión es inmovilidad y que, en un modelo de sociedad dual, hay que aplicar el concepto a

---

[2] La nota del autor agrega el movimiento ascendente.

situaciones con ubicación geográfica precisa, con una cultura o subcultura mínimamente coherente. No habría cultura común a todos los excluidos.

El desarraigo, en cambio, remite a un proceso, y comparte campo de significado con disociación, descalificación, invalidación social. ¿En relación a qué? He aquí la cuestión. Las carencias serán referidas a trayectorias, a dinámicas más amplias, a los puntos de inflexión provocados por situaciones límite. El autor propone subrayar la relación entre la situación actual y la anterior, relacionar lo que ocurre en el margen con lo que llega al centro. Así, la zona de fragilidad cobra relieve y, si se reduce o controla, deja lugar para una estabilidad de la estructura social, ya sea en una sociedad unificada o en una dual. Si esa zona de fragilidad se amplía, provoca conmociones que debilitan las posiciones logradas.

"*Metamorfosis*, dialéctica de lo igual y lo diferente." Hacer hincapié en lo nuevo y en lo constante, aunque adopte formas diferentes. El contenido de conceptos como ESTABILIDAD, PRECARIEDAD, EXPULSIÓN DEL EMPLEO, INSERCIÓN RACIONAL, FRAGILIDAD DE LA COBERTURA O AISLAMIENTO SOCIAL, es diferente al que tenían en las sociedades preindustriales o en el siglo XIX. El autor intenta demostrar que los ocupantes de las zonas de fragilidad tienen una posición similar en la estructura social como, por ejemplo, los antiguos "INÚTILES DEL MUNDO", vagabundos antes de la revolución industrial, hoy serían IMPOSIBLES DE EMPLEAR.

TERCERO: no hay una historia lineal sino, al contrario, interrupciones, bifurcaciones, cambios bruscos. Ejemplo: el asalariado pasó de ser nadie a la condición de "principal dispensador de ingresos y protecciones", y este paso no fue un "ascenso irresistible de una realidad" a ser consagrada por la historia. El cambio no se impuso de manera hegemónica y homogénea. Cuando la condición de asalariado se convirtió en la forma jurídica de las relaciones laborales, esa condición aún se asoció, durante mucho tiempo, a precariedad y miseria. El autor no comprende este mecanismo de distribución de la riqueza que tiene a la miseria como centro. Hoy, el asalariado corre el peligro de volver a aquella situación.

El autor señala que *metamorfosis* no es un término metafórico sino que señala la inestabilidad de las certezas y reacomoda todo el paisaje social. Sin embargo, esa inestabilidad no es novedosa y la refiere a la misma *problematización*, esto es un "haz unificado de interrogantes" que surgen en un momento dado, y es preciso marcar los períodos que ocupan, y que siguen vigentes. Eso sería la HISTORIA DEL PRESENTE[3]. El autor considera legítimo plantear esos interrogantes a la historia y reordenarlo en categorías sociológicas. El autor se hace responsable por esas categorías de análisis

Cuando una sociedad se pregunta por su cohesión e intenta evitar la desintegración, está en juego la CUESTIÓN SOCIAL, que se pregunta sobre la capacidad para existir como grupo unido por vínculos de interdependencia.

---

[3] Castel dice que la persistencia de un problema no depende de la importancia que haya tenido. Nos parece un concepto interesante.

La primera vez que se usó ese término fue en la década de 1839, al surgir una concientización de las condiciones de vida de individuos que eran agentes y víctimas, al mismo tiempo, de la revolución industrial: había aparecido el PAUPERISMO. Había una escisión total entre el reconocimiento jurídico de los derechos del ciudadano y el desconocimiento económico de la miseria y la desmoralización masivas. Se habló de "amenaza al orden político y moral".[4] La presión generada por la industrialización salvaje ponía en grave peligro a la sociedad liberal.

Al resaltar de ese modo el abismo entre organización política y sistema económico, se vio con nitidez el espacio de "lo social". Serían las fuerzas encargadas de regenerar o crear vínculos diferentes de los económicos o políticos. "Lo social" sería, entonces, un modo de regular distinto del del mercado. ¿Qué lugar ocuparían en la sociedad industrial las franjas más marginadas de los trabajadores? Se crearon unos mecanismos para posibilitar la integración de estos. Antes, las relaciones no comerciales con diversas clases de carenciados consistían en el castigo al vagabundeo, el trabajo obligado, el control de la mano de obra. Entonces:

- Lo social-existencial, en forma de asistencia institucional
- La intervención pública con que el Estado garantizaba la organización del trabajo y el control sobre los trabajadores

Esto indica que ya había surgido una "cuestión social" en la época preindustrial de Europa occidental. Los que no tenían lugar en ese modo de organización del trabajo presionaban esa interdependencia cuidadosamente armada. Una de esas presiones se refería al libre acceso al trabajo, que iba a empujar a una redefinición de las relaciones de producción.

Y vuelve a surgir después de que la integración de la clase obrera se hizo fluida. Ese proceso, que duró desde la primera mitad del siglo XIX y la década de 1960, está terminando. Entonces, aparece ese término: EXCLUSIÓN, que confunde diversas situaciones y no se puede reducir a un género común. Los diferentes marginados no comparten pasado, futuro, experiencia de vida, ni valores. No pueden forjar un proyecto común ni una organización colectiva para salir de su situación.

Lo que los une es una "posición": serían los "desdeñados", los que están de más.

Es una condición muy diferente de la que tenían hasta los menos favorecidos en la antigua "cuestión social". Aun el peón, el trabajador especializado, aunque explotados, estaban incluidos en la dinámica social. Desde la perspectiva reformista, bastaría con ocuparse de la disminución de las desigualdades, de la política de ingresos, de contar con oportunidades, y con la posibilidad de participar en la cultura.

---

[4] Vicomte A. de Villeneuve-Bargemont, *Economie politique chrétienne ou Recherches sur le paupérisme*, París, 1834, pag. 25.

Los "supernumerarios", en cambio, no son explotados siquiera, por lo tanto, no pueden presionar. De aquí surge un problema teórico y práctico.

He aquí la "metamorfosis" de la cuestión anterior: cómo convertir a los sujetos subordinados en sujetos sociales plenos. Ahora, se procura ignorar su existencia. Si se intentara dar autonomía a esos pueblos marginales, se confirmaría el corte que muestra la exclusión. Lo que ocurre en ese margen se relaciona con una "DINÁMICA SOCIAL GLOBAL".

LA "CUESTIÓN SOCIAL" SE OBSERVA CON CLARIDAD EN EL MARGEN SOCIAL Y CUESTIONA A LA SOCIEDAD EN SU CONJUNTO

Por eso, también la clase poderosa, la que goza de estabilidad, no está a salvo ni puede contemplar tranquilamente la miseria ajena: pertenecen a una sociedad PROBLEMÁTICA.

¿Hasta qué punto tolera una sociedad democrática la inexistencia virtual de buena parte de sus miembros? ¿Qué se puede hacer para reintegrar a esa parte de la población, y acabar con ese constante derrame que pone en peligro a todo el cuerpo social?

También cuestiona el papel del Estado, en su faz social, como cruce entre el mercado y el trabajo. Cuanto más fuerte fuera la dinámica que regulaba, más fuerza ha ejercido en el control del crecimiento de la economía y la cuestión salarial. El Estado pierde su capacidad de integrar si la economía cobra autonomía y si el salario cae. No hay una única versión de Estado social, cosa que quedó demostrada en la posguerra segunda. Ya no tiene vigencia el compromiso social.

EL DILEMA: O SE ACEPTA UNA SOCIEDAD REGIDA POR LA ECONOMÍA O SE CONSTRUYE UN ESTADO SOCIAL QUE RESPONDA A LOS NUEVOS DESAFÍOS

El costo de la primera opción sería la destrucción del sistema de protección que tanto costó montar.

El fundamento del pacto social sería, según Émile Durkheim y de los republicanos del siglo XIX, la solidaridad, para resolver esa problemática. A comienzos del siglo XX, la solidaridad se manifestaría en la asistencia de una parte de la sociedad a otra, con el Estado como garante. Ahora, hay que volver a definir ese contrato social desde el principio.

"PACTO DE SOLIDARIDAD, DE TRABAJO, DE CIUDADANÍA, CONDICIONES DE INCLUSIÓN PARA TODOS..."

CAPÍTULO 5   UNA POLÍTICA SIN ESTADO

CASTEL SOSTIENE QUE EN LA INGLATERRA DE PRINCIPIOS DEL SIGLO XIX SE INSTAURÓ UN SISTEMA DE CARIDAD LEGAL, FINANCIADO POR EL ESTADO, QUE ASEGURABA UN INGRESO A TODOS LOS INDIGENTES

En Francia no hubo un debate público de la cuestión de la indigencia hasta 1848. En la primera mitad del siglo XIX se daba la situación paradójica de que el avance de la civilización y la riqueza, era acompañado por el aumento de la cantidad de pobres.

La SOCIEDAD, sin recurrir al ESTADO, desarrolló estrategias para afirmar los lazos de interdependencia entre superiores e inferiores. Castel plantea que esta POLÍTICA SIN ESTADO implicaba una concepción moral de lo social que luego volvería a ser tomada por lo político.

Los miserables

Castel señala que el siglo XIX planteaba una situación inédita, de la que dan cuenta varios pensadores sociales, entre ellos Alexis de Tocqueville:

LOS PAÍSES MENOS DESARROLLADOS (COMO PORTUGAL, QUE ERA UNA SOCIEDAD PREINDUSTRIAL) TENÍAN MENOS INDIGENTES Y LOS MÁS INDUSTRIALIZADOS (COMO INGLATERRA) TENÍAN UNA INDIGENCIA MASIVA. ESTA NUEVA POBREZA (O "PAUPERISMO") ERA EFECTO DE LA INDUSTRIALIZACIÓN

Castel cita un texto de la época de Buret, que analiza la situación de miseria de las clases trabajadoras. Buret nota que la INDUSTRIA toma trabajadores cuando los necesita y, en cuanto puede prescindir de ellos, los abandona, sin ningún tipo de protección (ya se estaba hablando de la precariedad del trabajo y del DESEMPLEO).

Buret también registraba que la miseria material que padecían amplios sectores del pueblo generaba una gran degradación moral. Las familias obreras vivían amontonadas en los arrabales de las ciudades. Estos espacios del PAUPERISMO son descriptos en los textos de los pensadores sociales como algo nunca visto, donde no había higiene, donde reinaba la violencia, el alcoholismo, la prostitución, la promiscuidad.

El autor sostiene que esta percepción del PAUPERISMO fue generando un RACISMO ANTIOBRERO entre la BURGUESÍA DEL SIGLO XIX. Se identificaba a las "clases laboriosas" como "clases peligrosas".

Víctor Hugo en *Los Miserables* presenta un cuadro de esta condición "moderna" de los sectores del pueblo. Ya no se trata de la pobreza integrada socialmente (contenida por la vida rural y por la caridad de la Iglesia), sino de sectores que están en los límites de la ASOCIALIDAD y el CRIMEN.

Víctor Hugo y otros, como Proudhon o Buret, no plantean al adjetivo "miserable" como una condena, sino que la presentan como una condición que engendra la degradación, el sufrimiento y el crimen. Otros sectores de la BURGUESÍA, en cambio, ven en los miserables la BARBARIE que invade las grandes ciudades y que deben combatir.

Este temor ante el PAUPERISMO y los efectos que tenía, se daba en un marco en el que todavía gran parte de la población vivía en el campo. Es decir, que todavía perduraban modos tradicionales de vida y de trabajo.

EL PROCESO DE CONCENTRACIÓN INDUSTRIAL FUE MUY LENTO. EN LA PRIMERA MITAD DEL SIGLO XIX LA GRAN INDUSTRIA AÚN NO HABÍA REEMPLAZADO LAS DOS FORMAS ANTERIORES DE TRABAJO: EL ARTESANADO RURAL Y LA ORGANIZACIÓN URBANA DEL TRABAJO EN TALLERES

El autor estima en 1.200.000 la cantidad de obreros industriales y la mitad de estos eran los que trabajaban en las grandes concentraciones, que daban lugar al PAUPERISMO, descripto por los "moderados" (como Buret) y también por los "radicales" (p. ej., el cuadro que hace Friederich Engels de Manchester).

Algunos trabajos recientes consideran "exageradas" las presentaciones producidas en el siglo XIX del pauperismo. El autor plantea que las descripciones extremas del PAUPERISMO se referían sólo a una parte del proletariado de la época, pero esto no refuta la importancia histórica del fenómeno.

Castel considera que tomar en serio la cuestión del PAUPERISMO permite comprender que había DOS MODELOS DE INDUSTRIALIZACIÓN en competencia. El primero era SUAVE y se moldeó en la estructura de la pequeña empresa artesanal (una PROTOINDUSTRIA). Su anclaje familiar y rural perpetuaba la protección de las tutelas tradicionales, impidiendo el éxodo rural (se trataba de una suerte de "proletarización en familia"). Frente a este modelo de ECONOMÍA DOMÉSTICA (que tampoco debe ser idealizado) el otro modelo, el de CONCENTRACIÓN INDUSTRIAL implicó consecuencias sociales trágicas y nunca vistas, que dieron lugar a las descripciones del PAUPERISMO.

En la primera mitad del siglo XIX la PROTOINDUSTRIA (el modelo DOMÉSTICO) entró en una lenta DECADENCIA y fue reemplazada por la GRAN INDUSTRIA CONCENTRADA.

El autor sostiene que el PAUPERISMO fue el punto de cristalización de la NUEVA SITUACIÓN SOCIAL. El PAUPERISMO mostró el fracaso del OPTIMISMO LIBERAL del siglo XVIII. Presentó una de las facetas de la

MODERNIDAD y el riesgo de que la INDUSTRIALIZACIÓN condujera a una DISOCIACIÓN SOCIAL. La miseria presentó la posibilidad de que se produjera la marginación de masas enteras en el corazón mismo del PROCESO DE PRODUCCIÓN DE LA RIQUEZA.

Castel marca que la actualidad de la cuestión del PAUPERISMO no se refiere sólo a que hay sectores pauperizados actualmente. El PAUPERISMO es un drama que da cuenta de que la PRODUCTIVIDAD COMPETITIVA determina la exclusión de amplios sectores que están en el centro del proceso de MODERNIZACIÓN.

CAPÍTULO 7   LA SOCIEDAD SALARIAL

Las relaciones laborales cristalizan de tres maneras en la sociedad industrial:

- Condición proletaria
- Condición obrera
- Condición salarial

Son, también, tres modos de relación del mundo del trabajo con la sociedad global. Para el estado del asalariado como sostén de la identidad social esas tres condiciones serían irreductibles.

Ser proletario significaba estar prácticamente excluido del cuerpo social, aunque fuese un eslabón imprescindible para la creciente industrialización. Sin embargo, sólo podía acceder a reproducirse. Según Auguste Comte, "acampaba en la sociedad sin ubicarse en ella". Ningún burgués de la época de la industrialización habría pensado en compararse con un obrero. Había una división tajante entre capital y trabajo y entre seguridad propiedad y vulnerabilidad de masas.

LA "CUESTIÓN SOCIAL" RESIDÍA EN LA CONCIENCIA DE QUE ESA DIVISIÓN PODÍA DISGREGAR A TODA LA SOCIEDAD

Surgió una relación salarial nueva: el salario dejó de ser la retribución por una tarea, y pasó a garantizar derechos, acceso a servicios ajenos al trabajo en sí (atención médica, seguros, jubilación) y posibilidad de participar en la vida social a través del consumo, la vivienda, la educación y hasta el descanso.

La composición social se hizo más compleja: no sólo eran dominantes y dominados. Los obreros consumían, pero masivamente, la educación era más limitada, el descanso más humilde. Entonces, la integración era inestable.

Había una clase que creaba la riqueza y otra que la usufructuaba.

AL MISMO TIEMPO QUE LA CLASE OBRERA, SE FORMA SU CONCIENCIA DE TAL

No bastó con que surgiera la sociedad salarial para que triunfase la clase obrera. Al contrario: la generalización del salariado desbordó a los trabajadores manuales. Aparecieron asalariados "burgueses", empleados, jefes, profesionales liberales, sector de servicios. La sociedad se "salariza", el obrero queda rodeado de otros asalariados, sometido, sin esperanzas de "imponer su liderazgo".

EL OBRERO SIGUE EN LA PARTE INFERIOR DE LA ESCALA

Comienza a definirse la identidad social según el lugar que se ocupe en el salariado. Hay cada vez más niveles de identidad, cada vez más diferenciados entre sí.

El movimiento de aspiración a ascender era, aparentemente, irresistible y, en este capítulo, el autor tratará de definir las condiciones que hicieron posible esa sociedad salarial y que la conformaran como una estructura sutil y débil, a la vez.

El problema actual es esa debilidad, porque la sociedad salarial subsiste. ¿Será "nuestro futuro", como dicen Michel Aglietta y Anton Bender? Según el autor, ese futuro sería muy incierto. Al aplicar la lógica de la promoción de los asalariados como su fuerza y su debilidad, entenderemos mejor esa incertidumbre.

La nueva relación salarial

Según R. Salais, la industrialización dio origen al salariado, "y la gran empresa es el lugar por excelencia de la relación salarial moderna"[5].

En realidad, la revolución industrial impulsó el desarrollo de un nuevo tipo de obrero manufacturero que mostraba el inicio de la relación salarial actual, aunque no del todo desplegada.

Los elementos centrales de esa relación salarial, que conformarían la condición proletaria, serían:

- Retribución mínima que sólo garantiza la reproducción del trabajador y su familia
- Carencia de garantías legales para la situación laboral
- Debilidad del vínculo del trabajador con la empresa

Una relación salarial implica:

- Un modo de retribución de la fuerza de trabajo: el salario
- Una disciplina del trabajo que regula el ritmo de producción
- Un marco legal que estructura la relación laboral (el contrato)

El criterio empleado se define como "relación salarial *fordista*", aunque podrían caber otras variantes. El problema planteado consiste en observar los cambios que marcan el paso de una forma a otra. Las cinco condiciones que se dieron para el paso de la relación salarial al principio de la industrialización y la actual, o *fordista*:

---

[5] R. Salais, *La formation du chômage comme catégorie: le moment des annés 30, op. cit.*, pág. 342.

> PRIMERA CONDICIÓN: separación rígida entre los trabajadores efectivos, regulares, y los inactivos o semiactivos (a excluir del mercado de trabajo)

A fines del siglo XIX y principios del XX se llegó a una definición de población activa que permitió estadísticas confiables.

"Serán activos quienes estén presentes en un mercado que les procura ganancia monetaria: mercado de trabajo o de bienes y servicios."[6]

Pero no es lo mismo poder identificar y contar a los obreros, y otra, poder regular ese "mercado de trabajo".

El autor dice que había que dominar a los trabajadores intermitentes y, para ello, se creó la oficina de colocaciones. Era la encargada de distribuir el trabajo, diferenciando a los trabajadores de jornada completa de los que serían expulsados del mundo laboral y sólo contarían con esa clase de ayuda obligada para indigentes. Hasta se crearon penas para los "vagos".

Estas medidas no solucionaron el desempleo, pero controlaron la distribución del trabajo disponible.

El Estado tuvo un papel muy pobre en la organización del mercado de trabajo y en la lucha contra el desempleo. Pero los patrones, en conjunto, ejercieron políticas que combinaban seducción y coacción, entrampando a los obreros con supuestas "ventajas sociales", y encerrándolas en normas rígidas. Por otra parte, los partidarios de la filantropía, de las reformas y del liberalismo ejercieron coacción moral sobre los trabajadores, proponiéndoles un modelo de "buen obrero". Esta tendencia influyó hasta principios del siglo XX, cuando hubo una extendida represión al vagabundeo, con unos 50.000 arrestos por año.

Con la segunda revolución industrial asomó un nuevo orden laboral, del que era peligroso escabullirse, y pronto se impuso otra forma de regulación. Hasta entonces, era conveniente que el obrero tuviese una conducta más estable, porque "era por su propio bien" (según entendemos la intención del autor). Las máquinas, en cambio, introdujeron una coacción concreta.

"CON LA MÁQUINA NO SE DISCUTE, SE SIGUE O NO... EL RITMO..."

La organización técnica imponía su orden.

> SEGUNDA CONDICIÓN: el trabajador está fijo en su puesto y el proceso se racionaliza. Hay una "gestión del tiempo precisa, dividida, reglamentada"[7]. Ilustra esta tendencia el "sueño" del barón Charles Dupin: el trabajo perpetuo.

---

[6] C. Topalov, "Une revolution dasn les representations du travail. L'emergence de la catégorie statistique de "population active" en France, en Grande-Bretagne et aux États-Unis", texto mimeografiado, 1993, pag. 24; y *Naissance du chômeur*, 1880-1910, op. cit.

[7] R. Salais, "La formation du chômage comme catégorie, *loc. cit*, pág. 325.

Esa utopía, a nuestro juicio absurda, contaba con explotar la rivalidad entre los trabajadores de distintas jerarquías, o sea con el aprovechamiento del "factor humano".

El enfoque científico, en cambio, apresaba al trabajador en las operaciones técnicas, ordenadas por un riguroso cronometraje. Así se redujo el margen de libertad e iniciativa. Las tareas monótonas, repetitivas, no necesitaban de obreros calificados: EL OBRERO PERDÍA LA CAPACIDAD DE NEGOCIACIÓN POR OFICIO, Y QUEDABA EN EL NIVEL MÁS BAJO DE LAS TAREAS REPRODUCTIVAS. Charles Chaplin ilustró de manera magistral esta situación en su película "Tiempos Modernos", donde mostraba, precisamente, a un obrero haciendo interminablemente el mismo movimiento, hasta el punto de no poder dejar de hacerlo fuera de su jornada de trabajo.

Sin embargo, la tecnificación del trabajo contribuyó en gran medida a que la clase obrera se tornase homogénea, deshizo las divisiones tajantes entre gremios. Así, influyó en el surgimiento de una conciencia de clase, agudizada por lo agobiante del modo de trabajo. Tanto así que las primeras ocupaciones, en 1936, se hicieron en las fábricas más modernas y tecnificadas.

Además, si se extremaba la homogeneización de las condiciones de trabajo, se provocaba el efecto contrario de diferenciación.

El doble proceso de homogeneización y diferenciación ya se desarrollaba al comienzo de la segunda revolución industrial. Por eso, no es exacto hablar de taylorismo, porque su efecto fue parcial. Es más preciso hablar de la imposición creciente de una relación salarial nueva, de máxima racionalización del trabajo, del encadenamiento y la sincronización de las tareas, de una diferencia absoluta entre el tiempo de trabajo y el de ocio: TODO ELLO PERMITÍA LA PRODUCCIÓN EN MASA.

➤ TERCERA CONDICIÓN: el acceso a formas distintas de consumo obrero por medio del salario: EL OBRERO ERA USUARIO DE LA PRODUCCIÓN EN MASA. Taylor mismo proponía un aumento importante del salario para que los obreros se sometieran mejor a la nueva disciplina. Fue Henry Ford quien normalizó la relación entre producción en masa y consumo masivo.

Si la patronal no obedecía a la "ley" que hacía mayores sus ganancias cuanto más bajo era el salario, lo hacía a través de prestaciones sociales: protección ante enfermedad, vejez, y toda otra situación que llevara a la familia obrera a la decadencia absoluta. No pensaba en la conveniencia de aumentar el poder adquisitivo del salario, porque eso induciría al trabajador al vicio, al alcoholismo, al ausentismo.

Entre los propios trabajadores, también el comienzo de la producción en masa indujo la preocupación por el bienestar y el aumento del consumo. Eso llevó a un cambio en la forma de vida del pueblo, en las grandes concentraciones industriales. Hasta entonces, la clase obrera sobrevivía a salarios miserables gracias a su vínculo con las zonas rurales de las que provenían, pero eso cambió con la expansión de la industrialización. Al mismo tiempo que las condiciones de trabajo se homogeneizaban, también lo hacían las condiciones de vida. Ese proceso se desarrolló durante varias décadas y se refería a la vivienda, el transporte, la "canasta familiar" y, en general, en la relación entre el individuo y su ambiente.

El autor define: "SE LLAMA FORDISMO A LA ARTICULACIÓN DE LA PRODUCCIÓN EN MASA CON EL CONSUMO MASIVO."

Ford fue quien notó la relación entre el aumento del salario, de la producción y del consumo. Así se modelaba una política vinculada al aumento de la productividad, y el trabajador ingresaba en un modo nuevo de existencia social: AHORA ERA CONSUMIDOR. Ya no estaba condenado, fatalmente, a "vivir al día". El autor cita a Merrheim, diciendo que el trabajador "accedía al deseo" y, para ello, la condición social era salir de la necesidad extrema. El autor nos dice que el "deseo es esa forma de libertad" que proviene de dominar los tiempos y se concreta con el consumo de objetos prescindibles. La aspiración al bienestar daba acceso a una forma de vida nueva para el obrero.

Esto no es, solamente, debido a la doctrina de Ford sino, más bien, un proceso general, aunque sí el concepto de que "el modo de consumo está integrado en las condiciones de producción".

➢ CUARTA CONDICIÓN: acceso a la propiedad social y a los servicios públicos. Como vimos, EL TRABAJADOR TAMBIÉN ES SUJETO SOCIAL, y puede adquirir bienes comunes disponibles. Esto se refiere a la "propiedad transferida", inscrita en la misma configuración salarial. El seguro obligatorio contrarrestaba la pobreza extrema del comienzo de la sociedad industrial. Había una red mínima de seguridad relacionada con el trabajo, que amparaba al obrero de una manera elemental.

A partir de esto surgió el concepto de población activa, y el trabajo se fijó y estabilizó. Fue un modelo aplicado a los obreros de la gran industria, pero se extendió a otras capas de la población. Determinaba lo específico de una condición salarial y la consolidó, porque permitía la autosuficiencia en caso de accidente, enfermedad o vejez.

La clase obrera tendría mayor acceso a salud, higiene, vivienda, educación.

➢ QUINTA CONDICIÓN: se gestó un derecho del trabajo que reconocía al trabajador como parte de un conjunto con estatus social, además de su derecho individual como parte del contrato de trabajo.

Hubo un cambio profundo en la relación salarial. El autor cita el Código Civil: "contrato por el cual una de las partes se compromete a hacer algo para la otra, a cambio de un pago". Era un convenio entre dos individuos, supuestamente libres aunque, en realidad, había una profunda desigualdad entre ambos. Léon Dugit lo llama "derecho subjetivo": EL DERECHO SOCIAL REMPLAZARÍA AL SUBJETIVO.

"EL PODER DE UNA PERSONA PARA IMPONER A OTRA SU SUBJETIVIDAD"

Comienza a tenerse en cuenta la dimensión colectiva, y da lugar al estatus del asalariado. Es una idea propia del derecho público, e implica una definición precisa de una situación no sometida al "juego de las voluntades individuales"[8]. La ley que abolió el delito de huelga, en 1864, reconocía ya, implícitamente, el lugar jurídico de los trabajadores, aunque eso no tuvo influencia sobre la estructura del trabajo en sí. Las negociaciones particulares no tenían valor legal. La ley del 25 de marzo de 1919, le dio estatus jurídico a la convención colectiva. Lo que decidía la convención era más importante que el contrato individual de trabajo.

"EL CONTRATO COLECTIVO (ES) UNA CONVENCIÓN QUE REGULA LAS RELACIONES DE DOS CLASES SOCIALES"

Al principio, hubo rechazo a esta ley, tanto por parte de los obreros como de los patrones: la falta de costumbre causaba una especie de repugnancia hacia la negociación. Así, empieza a jugar un papel importante el ESTADO, al establecer procedimientos de concertación. Asumió el papel de impulsor del derecho del trabajo, hasta que, sencillamente, impuso su punto de vista a un sector de la clase obrera que propugnaba reformas, ya fuese como tales o como parte de un proceso revolucionario. En 1936, por primera vez se conjugaron la voluntad política del gobierno con un movimiento social.

Ese gobierno del Frente Popular, con su predominio de socialistas y comunistas, fue una etapa decisiva aunque frágil en la "odisea del salariado".

La condición obrera

No es fácil fijar fechas en largos procesos de transformación, pero el autor fija, provisoriamente, el año 1936, porque lo considera un momento de cristalización y un punto de giro en esa relación salarial diferente. Las reformas de 1936 reconocían la condición obrera, aunque fuesen una especie de victoria pírrica, o sea, con ciertas consecuencias arrasadoras. Además de reconocer a la clase obrera como fuerza social decisiva, sancionó el PARTICULARISMO OBRERO, es decir, le asignaron una posición subordinada en la división del trabajo y en la sociedad en sí.

Hubo una victoria electoral de la izquierda, y los obreros adquieren cierto grado de poder: ocupan fábricas y logran un avance sin igual en sus derechos sociales. Los patrones se atemorizan, aunque "no todo era posible". Con todo, el cambio fue sustancial. Por ejemplo, se adopta una medida de enorme importancia simbólica: LAS VACACIONES PAGAS. Eso significaba, ni más ni

---

[8] J. Le Goff, *Du silence à la parole*, op. cit., pág. 112. Cf. también F. Sellier, *La confrontation sociale en France, 1936-1987*, op. cit.

menos, reconocer que el trabajador tenía derecho a EXISTIR, igual que los demás: rentistas, burgueses, aristócratas.

Una de las reivindicaciones más persistentes fue, siempre, la reducción del tiempo de trabajo. La revolución de febrero de 1848 logró la jornada laboral de diez horas, aunque pronto se levantó. El descanso semanal, logrado en 1906, y la jornada de ocho horas fue la consigna más aceptada en las celebraciones combativas del 1º de mayo. Pero la de las vacaciones ejerció más influencia liberadora y tuvo más peso simbólico que muchas otras igualmente legítimas: era reconocer la entidad humana del trabajador, su dignidad. Fue una auténtica REVOLUCIÓN CULTURAL, además de un logro social.

Las vacaciones ajustaban dos condiciones de vida que, hasta entonces, todo contribuía a diferenciar. La vida del trabajador obtenía un rasgo propio de la burguesía: poder elegir qué hacer, LA POSIBILIDAD DE NO HACER NADA.

Pero la diferencia persistía, y eso se hacía evidente en el rechazo "burgués" a las vacaciones pagas. También los pequeños trabajadores independientes rechazaban esa conquista. Ese rechazo manifestaba el "desprecio secular de las clases propietarias al 'trabajador que no trabaja'", según el autor. No trabajar era una "tara moral", inducía a toda clase de vicios.

EL TRABAJADOR SÓLO DEBÍA Y PODÍA TRABAJAR

Todo "miembro decente" de la sociedad compartía ese juicio moral y social. Hasta entre los propios trabajadores, el sentimiento de dependencia social generaba ciertas reservas con respecto al ocio. Era una conquista que les parecía milagrosa, hasta peligrosa. Dice el autor: "había que merecerla", aprender a divertirse con discreción. Dijo Léo Lagrange: "La clase obrera ha sabido conquistar sus ocios, y ahora debe conquistar el uso de sus ocios".[9]

Surgió, por parte del Frente Popular, la preocupación por organizar la diversión, expresión de la fuerte conciencia de las diferencias de clase. Era importante diferenciarse del ocio de los ricos, "parásitos sociales". El tiempo libre debía llenarse con cultura, deporte, salud, contacto con la naturaleza, relaciones con otros jóvenes, aunque sin intercambio sexual. Debían divertirse "mejor que los burgueses".

Fueron los obreros de la industria en expansión los que impulsaron las conquistas sociales de 1936. Se decía que en las fábricas ocupadas en ese período, las condiciones de trabajo provenían de "la organización científica". Se imponía un ritmo, un cronometrado, había una vigilancia permanente, una obsesión por el rendimiento, y patrones y jefes sometían a los trabajadores a su capricho y a su desdén. Porque:

ERA UNA RELACIÓN SOCIAL DE SUBORDINACIÓN Y DESPOSESIÓN, AGUDIZADA POR LOS MEDIOS TÉCNICOS DE TRABAJO.

---

[9] Citado en H. Noguères, *La vie quotidienne en France au temps du Front populaire, op. cit.*, pág. 188

Las tareas eran de ejecución, y no se le permitía pensar, concebir, imaginar y, además, la condición de subordinación era social, además de laboral: el trabajador la llevaba consigo al salir de la fábrica.

Dijo Alain Touraine que: "la conciencia obrera es siempre orientada por una doble exigencia: crear obras y verlas reconocer socialmente como tales".[10]

Había una conciencia del desnivel entre lo fundamental del papel del trabajador como productor, creador de la riqueza social, y la ausencia de reconocimiento por parte de la sociedad. Esta relación entre la dependencia y el bajo lugar social era lo que marcaba el destino de los obreros. Dijo Simone Weil: "... la fábrica los convertía en extranjeros, exiliados, desarraigados".[11]

Esta contradicción era evidente en los obreros de la gran industria que trabajaban en condiciones de racionalización y que eran minoría en la clase obrera.

Persistía la conciencia de sumisión que conllevaba el trabajo manual: INDISPENSABLE, PERO SIN DIGNIDAD SOCIAL.

El primer análisis serio de la condición obrera postulaba esa tesis. Según M. Halbwachs en *La classe ouvrière et les niveaux de vie*, (París, 1912, pág. 121 y 118): "La situación del obrero contrasta con la del empleado o el funcionario... a los cuales se retribuye (además del) trabajo, la antigüedad en el servicio, las cualidades intelectuales o morales (...) Al ... obrero sólo se le retribuyen las operaciones mecánicas... debe abstenerse de toda iniciativa y... convertirse en un útil seguro y bien adaptado a una tarea... siempre monótona."

Dice el autor que "el obrero no pensaba y la sociología naciente trató... de demostrar que no podía pensar". Socialmente, se lo consideraba indigno y grosero, aunque los obreros no solían pensar de ese modo. Los actores que intentaban presentar esa visión eran, como es lógico, la sociología y la economía, por encargo de las clases dominantes.

EL MOVIMIENTO OBRERO REIVINDICÓ, DESDE EL PRINCIPIO, LA DIGNIDAD DEL TRABAJO Y SU IMPORTANCIA COMO GENERADOR DE LA RIQUEZA, AUNQUE NO LOGRARA BORRAR EL SENTIMIENTO DE DEPENDENCIA

Más aún: lo que marcaba la conciencia de clase era esa contradicción entre la conciencia de la dignidad del trabajo y la de la dependencia real. El trabajador sabía que lo despojaban del fruto de su esfuerzo, y eso se convertía en el impulso para luchar por su dignidad, "alienada" por la forma capitalista de producción.

Se podría definir a esa situación como "relativa integración en la subordinación. Los elementos que favorecían esa integración, posibilitaban la estabilidad de la situación obrera y alejaban el apremio, eran el seguro social, el derecho laboral, los beneficios salariales, el acceso al consumo de masas, cierta participación en la propiedad social, el descanso pago. Así se diferenciaba esa

---

[10] A. Touraine, *La conscience ouvrière*, Le Seuil, 1966, pag. 242.
[11] S. Weil, *La condition ouvrière, op. cit.*, pág. 34.

situación de la vulnerabilidad que imperaba al comienzo de la industrialización. Resume el autor: "la clase obrera fue 'repatriada' desde...la cuasi exclusión".

Las sociedades duales eran aquellas que albergaban a grupos que nada poseían y nada eran. Las dualistas, en cambio, tenían rasgos como los descritos: coexistían separaciones e interdependencias, relaciones de dominación, aunque los dominados no quedaban por entero librados a su suerte. Sería una INDEPENDENCIA EN LA DEPENDENCIA que, sin embargo, conserva la contradicción de intereses entre dominadores y dominados. Como lo definió Richard Hogart (En *La culture du pouvre*, trad. franc. París, Èditions de Minuit, 1970), era:

ELLOS Y NOSOTROS

Citaba Hogart: "El obrero no es un doméstico, no está totalmente bajo el imperio de la necesidad ni a merced de la arbitrariedad de un amo. Orgullo... 'Ellos' tienen la riqueza, el poder, el acceso a la verdadera cultura y a una multitud de bienes de los que nosotros no veremos nunca ni siquiera el color. 'Ellos' son pretenciosos y *snobs*..."

La vida cotidiana confirmaba esas percepciones.

Algunos autores registraron las consecuencias antropológicas que tenía dedicar la mayor parte del presupuesto a la alimentación: cuanto menos queda para gastos no dirigidos a la supervivencia biológica, menos se puede participar en la vida social.

Y, si bien, la vivienda ya no era tan infrahumana como en el siglo XIX, seguían padeciendo insalubridad y hacinamiento. En lo que atañe a la educación, recién en 1931, se instauró la gratuidad de la enseñanza secundaria. La literatura de la época expresaba el temor de que demasiada educación "desarraigara" al pueblo. Recién en la década de 1950, la enseñanza se democratizó... hasta cierto punto.

En la década de 1930, todavía persistía la inestabilidad, el peligro de despido, por ausencia de protección laboral. No solían firmarse contratos. La crisis de 1930 dejó millones de desempleados, y todavía no se sentían los efectos paliativos del seguro.

El autor habla de un "particularismo obrero", constituido por las características del modo de vida: relaciones laborales, participación en la vida social, valores, que definen al obrero como clase social, que ya no era esa "casta flotante". Nos advierte contra las descripciones que hablan de la solidaridad y la moral de esa clase, su sociabilidad y su modo simple de divertirse. Lo que sí confirma es que la clase obrera formaba parte de la nación y, a la vez, tiene intereses y aspiraciones que le son propios.

En esa década, el modelo de integración sigue siendo inestable, y así continúa hasta la década de 1950. Se pregunta el autor si la clase trabajadora no se habría vuelto demasiado consciente de sus derechos, y propone dos alternativas de transformación: logros sociales que irían disminuyendo la diferencia entre "ellos y nosotros", o que la clase obrera organizada tomara el poder.

En síntesis:

REFORMA O REVOLUCIÓN: ESA SERÍA LA CUESTIÓN SOCIAL, A FINES DE LOS AÑOS TREINTA

Eran las dos alternativas dentro de una misma situación. Los obreros tenían, ahora, algo más que perder, además de sus cadenas. Así, se consolida "un principio positivo de objetivos que había que defender y alcanzar"[12]. El realismo empujó en la dirección del reformismo, aunque no terminó con el mesianismo obrero. La generación que luchó en la Resistencia, durante la ocupación nazi, en 1936, fue el núcleo de la CGT, y adalid de una clase combativa y consciente de sí.

Como lo diría Paul Faure, (citado en P. Reynaud, *Mémoires*, t. II, París, Flammarion, 1963, p. 51): "Negar la lucha de clases equivale a negar la luz del día."

La destitución

No se trató de una lucha frontal que derrotara a la clase obrera, aunque podría hacerse referencia a las huelgas de matiz insurreccional de 1947, las luchas contra "el imperialismo norteamericano", sino, más bien, de una pugna social que persistía desde 1930 y seguiría existiendo hasta la década de 1960. Más allá del devenir político, sucedían transformaciones sociológicas, y la clase obrera perdió su lugar de punta de lanza del sector asalariado. Conservó sus particularidades, pero ya no fue lo que el autor denomina "atractor", y que preferimos denominar impulsor. Los obreros asalariados perdieron su potencial histórico, y su condición de clase no generó una sociedad diferente, y conservó su posición subordinada en lo referido al salario.

Hasta principios de 1930, "sector asalariado" y sector asalariado obrero" eran casi lo mismo. Según François Simiand, la palabra SALARIO se refería a los obreros, diferenciándolos de trabajadores domésticos, agrícolas, empleados de comercio o industria, jefes de servicio, de explotación, etcétera.

En palabras del mismo autor, la clase obrera únicamente daba "una prestación de puro trabajo", brindando "un marco económico distinto". Se aclaraba que el manejo de máquinas también constituía un trabajo, en esencia, manual. Al parecer, Simiand defiende un modelo de sociedad que corresponde al comienzo de la industrialización, y que empieza a decaer. En cuanto a la diferenciación dentro de los asalariados, el proceso estaba en desarrollo desde el principio de la década. Los asalariados obreros fueron perdiendo peso, también en la organización del trabajo. Sólo en 1975 se nota el sentido de esos cambios, y ese año manifiesta "la apoteosis de la sociedad salarial".

---

[12] A. Touraine, *La conscience ouvrière, op. cit.*, pág. 215.

Entre 1931 y 1975, la proporción de asalariados creció del 49 al 83 por ciento, aunque el cambio más importante fue el aumento de asalariados no obreros. También hubo transformaciones de peso en el interior de ese grupo social. Hacia el final del período mencionado habían aparecido los ejecutivos medios y superiores, y disminuyó la proporción de asalariados no obreros.

Esos cambios registrados por las estadísticas manifiestan una modificación importante en la estructura salarial. El lugar de los obreros en la escala del salario se degradó. En 1975, los trabajadores agrícolas casi habían desaparecido, y la clase obrera ocupó la base de la pirámide salarial y, al mismo tiempo, surgió un asalariado "burgués".

Ese último sector se impuso con dificultad, y contribuyó a aumentar las diferencias con los asalariados obreros. Intentó consolidar la respetabilidad de esas nuevas capas, sobre valores que, en realidad, eran los de la clase media: la iniciativa, el ahorro, la herencia, cierto desahogo, sobriedad.

En un comienzo, esos puestos de altos salarios fueron cubiertos por hijos de familias con patrimonio. Entonces, el dilema consistía en saber si eran respetables por herencia familiar o por su empleo. Los primeros profesionales que se reivindicaron como asalariados fueron los ingenieros, en 1936. Ocuparon un lugar intermedio entre patrones y obreros. APROVECHARON LAS VENTAJAS OBTENIDAS POR LOS OBREROS, PERO SE DISTINGUIERON DE ELLOS.

Surgió otro grupo asalariado no obrero: los empleados de las actividades terciarias, que atendían el servicio a bancos, comercios, administración de colectividades, el Estado, y nuevas actividades como la comunicación y la publicidad. Esas actividades tenían empleados asalariados, en su mayoría, pero con ingresos y prestigio superiores a los de los obreros.

Así, la situación de los obreros quedó cercada por diversas actividades asalariadas y vio amenazada su cohesión interna. Estadísticas que cita el autor, para 1975:

- Obreros calificados: 40 %
- Obreros especializados: 40 %
- Obreros no calificados: 20 %
- Mujeres trabajadoras: 22,9 %
- Porcentaje de mujeres en tareas no calificadas: 46,6 %
- Uno de cada 5 obreros era inmigrante
- El sector público representaba la cuarta parte de los asalariados

Los obreros y empleados estatales y de empresas nacionalizadas gozaban de una condición más estable que los del sector privado. El mercado se segmentó, se diferenciaron los trabajadores protegidos de los precarios, fenómeno que surgió en 1970. El autor afirma que:
"LA UNIDAD DE LA CLASE OBRERA NUNCA SE HABÍA LOGRADO..."

Con todo, cierto proceso de unificación que remitía a los intereses comunes y la oposición al "enemigo de clase", se inició en 1936 y, al parecer, se quebró en la década de 1970.

En 1978, una investigación mostró que sólo la tercera parte de los obreros trabajaba en fabricación. Muchos más hacían tareas de mantenimiento, entrega, embalaje, custodia, y otras similares. Era un cambio importante, que desplazaba el predominio del obrero fabril. Antes, EL TRABAJO ERA, EN ESENCIA, PRODUCCIÓN DE BIENES MATERIALES DE CONSUMO, lo cual derivaba en dos posibles interpretaciones:

- Que limita la condición obrera porque sólo está en contacto con la naturaleza, aislada ante la materia
- Que es el agente de creación de riqueza, la meta principal del hombre

Estos cambios profundos modificaron la idea del papel de la clase obrera en la sociedad industrial. A fines de la década de 1950 se planteó la discusión entre quienes destacaban el impulso revolucionario de la clase obrera, y quienes la consideraban una amenaza al orden social. Michel Crozier lo decía así: "la era del proletariado... (había) terminado".[13]

La división del trabajo cambió, y dio lugar a una "nueva clase obrera". Aun cuando los obreros de las industrias "de punta" fuesen más creativos que trabajadores manuales, no tenían capacidad de decisión, y la organización capitalista de la producción seguía arrebatándoles el fruto de su trabajo. Había quienes consideraban a esos nuevos obreros como herederos privilegiados del impulso revolucionario, y otros que los acusaban de haberse "aburguesado", que la elevación de su nivel de vida había limado las contradicciones sociales.

Estas dos posiciones son complementarias, pero su fundamentación no es sociológica sino política. Había una ambición, en este mismo sentido, de dar por terminados los conflictos sociales. Los que la promovían, se referían al fin de las ideologías, basándose en el deseo de consumo de la clase obrera y "el debilitamiento de los compromisos políticos y sindicales". Sin embargo,

LA CLASE OBRERA NO SE HABÍA IDENTIFICACO CON LA CLASE MEDIA

En 1950 y 1960, hubo investigaciones que constataron el particularismo obrero y la conciencia de su subordinación. El obrero seguía teniendo conciencia de tener un lugar social "bajo". Había una "especificidad de los comportamientos en el ambiente obrero"[14].

Se trataba de crear una falsa homogeneidad, que no se concretaban en la realidad, eran "construcciones artificiales. La transformación desarrollada en las décadas de 1950 y 1960 no fue de total homogeneidad sino, más bien, en la

---

[13] *Arguments*, "Qu'est-ce que la classe ouvrière française", número especial, enero, febrero-marzo de 1959, pág. 33.
[14] J. M. Rainville, *Condition ouvrière et intégration sociale*, *op. cit.*, pág. 15

desaparición de la alternativa revolucionaria, y en un nuevo orden de los conflictos sociales en la sociedad salarial.

El autor opina que fue "una aventura que duró un poco más de un siglo". Aunque no hay una fecha exacta, Crozier definió 1959 como "la fase religiosa del proletariado". La esperanza de un futuro mejor se diluyó, y se fue consolidando, más bien, el apoyo a la reforma. Como dice el autor: "la división entre 'ellos y nosotros' dejó de alimentar un imaginario de cambio radical".

Por raro que parezca, en el mayo de 1968 la clase obrera se unió al movimiento, en vez de generarlo, y se conformó con obtener ciertos avances "reformistas". Al parecer, se trató de transferir a los inmigrantes las banderas de la lucha obrera, porque los trabajadores nacionales estarían integrados al sistema.

La interpretación antropológica dice que la clase asalariada fue decayendo, porque su potencial revolucionario provenía de ser "asalariado sin dignidad". Si bien, en el fondo, la relación asimétrica persistía, en la superficie, parecía suavizada. Aunque trabaje para una sociedad anónima, "el asalariado... entrega el fruto de su trabajo a otra persona, a una empresa, a una institución o al 'capital'".

Si alguien producía por su cuenta, no es asalariado. o sea, existen actividades inalienables, aunque se trabaje "para otros". Esta idea del trabaja asalariado se esfumó en esas décadas de 1950 y 1960, y con ella, el papel histórico de la clase obrera, QUE SE CONVIRTIÓ EN CLASE ASALARIADA BURGUESA DANDO LUGAR A UNA SOCIEDAD LIBRE DEL CONFLICTO ESENCIAL ENTRE ASALARIADO Y NO ASALARIADO.

La "nueva sociedad" se estructuró alrededor de la rivalidad entre diferentes actividades asalariadas. Si bien no era una sociedad homogénea ni pacífica, pero la lucha pasó a ser por los puestos de trabajo y no de clase. El asalariado se convirtió en una identidad deseable.

La condición salarial

A mediados de 1950, apareció la expresión "hombres del futuro", asalariados con "cartas de burguesía". La moderna sociedad francesa enfrentaba, de un lado, a los promotores del progreso y, del otro, a los conservadores: pequeños empresarios, comerciantes, miembros de las clases medias tradicionales.

Esos nuevos asalariados recibieron el papel de impulsor de la dinámica social. Se convirtió en un mito a ese modelo de hombre, o mujer, "eficaz, dinámico", actualizado, tranquilo pero eficiente, muy trabajador, consumidor de bienes "elegantes"... Formaban parte de esa clase diversas categorías de asalariados: "ejecutivos de nivel medio y superior, profesores, publicitarios, expertos en comunicación y... representantes de algunas profesiones intermedias... animadores culturales..." Se congregaron en lo que Henri Mendras definió como "la constelación central", para él, difusora de "la segunda revolución

---

¹⁵ H. Mendras, *La seconde Révolution française*, París, Gallimard, 1988.

francesa"[15] El autor opina que es una calificación exagerada pero que sí constituían el sector más dinámico de la sociedad, "difusor de los valores de la modernidad, el progreso, las modas y el éxito". Fue la capa de más constante desarrollo después del despegue de la segunda posguerra.

Una de sus consecuencias fue modificar el antagonismo entre trabajo y patrimonio. Ser asalariado pasó a ser una situación "cómoda, poderosa y prestigiosa". Hasta podía haber asalariados "puros" en lugares eminentes de la sociedad, aunque sólo en el límite.

Claro que, para ello, era preciso haber recibido una educación esmerada, cosa que provenía de una herencia cultural familiar que, a su vez, venía de un patrimonio económico sólido. Pero el asalariado tenía la posibilidad de generar un patrimonio, por medio del crédito. La relación entre posesión y trabajo se hizo más compleja.

PARA TENER PATRIMONIO HABÍA QUE TRABAJAR BAJO SALARIO, Y TENER PATRIMONIO EVITABA TENER QUE TRABAJAR COMO ASALARIADO.

El salariado y el patrimonio empezaron a converger desde direcciones opuestas.

Entonces, la "constelación central" no se refería a trabajo salarial "puro". Era un "núcleo de posiciones dominantes", que combinaba capital económico, social y cultural, que intervenía en la administración de las empresas públicas y privadas y que tenía cierto poder en algún estamento del Estado.

Muchas de esas profesiones dependían más del capital económico de lo que reconocían. Tampoco es tan grande la diferencia entre gerentes de grandes empresas y patrones: para estar en aquellos puestos era casi imprescindible que tuviesen acciones y, claro, que provinieran de familias pertenecientes al mundo empresarial. Lo fundamental del poder económico seguía, más o menos, en las mismas manos.

Con todo, si bien no había trasvasamiento entre distintos sectores de la sociedad salarial, tampoco había un aislamiento total. Ya pesaban los "nuevos atributos del éxito", influía haber pasado por las grandes escuelas: parte de las clases dominantes se colocó, también, en el mercado salarial.

En esos grupos de dominio existía competencia por los puestos de trabajo. Había un principio de distinción que unía y separaba a los diversos grupos. Una "dimensión transversal" unía a los sectores, y les permitía compararse. "Clasificadores clasificados por su clasificación" se definían por su diferencia con otras posiciones. No es la misma distinción que el modelo basado en el antagonismo de clases. Georg Simmel dijo de la clase media que: "lo original es que realiza intercambios continuos con las otras dos clases y... borran las fronteras y las reemplazan por transiciones perfectamente continuas".[16]

El autor propone definir la sociedad salarial por la coexistencia de diversos bloques, "separados y unidos" por esa forma de diferenciación dentro de cada sector y de los sectores entre sí. Tendría que haber lugar para "las profesiones

---

[16] G. Simmel, *Sociologie et épistemologie*, trad. franc. París, PUF, 1981, pág. 200.

independientes de patrimonio no reconvertido", que serían los derrotados por la modernización. Esos grupos quedaron al margen en la sociedad salarial.

Algunos independientes, que habían despreciado a los asalariados, pasaron a envidiar sus seguridades. Por eso, la atracción del salariado influyó también hacia abajo, en esa capa que no tenía acceso a los bienes, y además, a los de la misma clase trabajadora, pero en su franja inferior.

El pago mensual se generalizó y el estatus laboral de los obreros comenzó a coincidir, casi, con el de los empleados. Aun así, todavía no había desaparecido el atraso de las capas populares.

El autor alude a un "principio de diferenciación generalizada", que se manifiesta en la sociedad de consumo, por ejemplo: las posesiones comenzaron a determinar el lugar social.

Habría un último sector, que llama *periférico o residual*, que también se diferenció más bruscamente por la generalización del salario. El autor dice que ese sector: "acampaba en las fronteras de la sociedad salarial", y lo compara con los pueblos que no ingresaron en la sociedad industrial, y a quienes se llama: "cuarto mundo". La existencia de una franja marginal fue algo tradicionalmente aceptado en la historia humana.

Dicen M. Aglietta, y A. Bender (en, *Les métamorphoses de la société salarial, op. cit.*, pág. 98): "En una sociedad salarial, todo circula, todo el mundo se mide y se compara", lo cual sería justo si no se confundiera comparar con equiparar. Entonces, el salariado sería, además de retribución, esquema de ordenamiento social.

El Estado de crecimiento

La sociedad salarial sería, también, un estilo de gestión política que relacionaba la propiedad privada con la social, el desarrollo económico y la conquista de derechos sociales, como también el mercado y el Estado. El autor llama "ESTADO DE CRECIMIENTO" a la combinación de dos factores esenciales:

- Crecimiento económico
- Crecimiento del Estado social

La crisis económica frena esas dos formas de avance. El primer factor se revela, hoy, como una etapa inédita en la historia de la humanidad.

EN FRANCIA, POR EJEMPLO, ENTRE 1953 Y 1975, SE TRIPLICARON LA PRODUCTIVIDAD, EL CONSUMO Y LOS SALARIOS.

"El crecimiento... permitía librar órdenes de pago para el futuro", dice el autor. Era posible planificar y pensar en el progreso social como objetivo de distintos grupos. Esta situación cimentó el ideal de la social democracia: ver desaparecer, paulatinamente, las desigualdades.

En realidad, ¿estaría ligado el desarrollo de la sociedad salarial al crecimiento económico? También hacía falta el desarrollo del Estado social, que garantizara la ausencia de luchas y enfrentamientos entre las distintas capas. La sociedad salarial habría permitido la instalación del Estado social.

El Estado participó, básicamente, en tres campos:

- Protección social generalizada
- Mantenimiento del equilibrio en la dirección de la economía
- Compromiso entre los distintos actores del proceso de crecimiento

1. La Seguridad Social, implantada en 1945, fue decisiva en la protección de los asalariados (parte de la propiedad transferida) y los liberó de lo peor de la precariedad. Fue una voluntad política la que lo permitió.

Las profesiones independientes, en cambio, impusieron regímenes especiales que subrayaban la diversidad de la sociedad salarial. Pero estaban aprovechando el camino abierto por los asalariados.

La cobertura aludida era propia de una sociedad que tendía más a la diferenciación que a la igualdad. Ese "salario indirecto" constituía una cuarta parte de los ingresos salariales, cosa que promovía al sector y de la que el Estado era impulsor y aval.

Pasaron a cobrar cada vez más importancia los derechos conquistados por el grupo de pertenencia. "las relaciones... fueron... remplazadas por relaciones triangulares entre empleadores, asalariados e instituciones sociales".[17]

2. Este papel del Estado con respecto a la protección social se complementa con el de actor económico, que se desplegó después de la Segunda Guerra Mundial. Esa intervención en la regulación de la economía fue considerada novedosa.

Tras la reconstrucción, el Estado se dedicó a promover a la sociedad, definió el equilibrio elemental, y los sectores preferenciales de inversión. Desarrolló políticas de reactivación: a comienzos de los años cincuenta, sus inversiones en el sector industrial eran superiores a las del sector privado. Asignó papel de piloto a las empresas nacionalizadas y del sector público, e intervino en crédito, precios, salarios.

Así se posibilitó la socialización de las condiciones de producción. Lo más destacable es el desarrollo de la propiedad social, manifestada en las nacionalizaciones y, también, en el desarrollo de los servicios públicos y el equipamiento colectivo. Hubo, en 1962, un "Plan de Desarrollo Económico y Social".

En esa época, aparecieron críticas al modelo norteamericano que giraba en torno del consumo individual. A aquella forma de propiedad social, engrosada por los servicios públicos, se la llamó, entre otros nombres, "neoliberalismo" e implicaba una ruptura con las políticas liberales anteriores. Otros le llaman, "capitalismo social" o, incluso, "keynesianismo a la francesa", que planifica y centraliza. Claus Offe la definió como: "Un conjunto multifuncional y heterogéneo

---

[17] Dupeyroux, *Droit de la securité sociale*, París, Dalloz, 1980, pág. 102.

de instituciones políticas y administrativas cuyo fin es administrar las estructuras de socialización de la economía capitalista".[18]

3. El Estado regula, también, las relaciones entre los "asociados sociales". Arbitraba, mediante contratos, los diversos intereses de empleadores y asalariados. En 1950, se impuso el "salario mínimo interprofesional garantizado", que en 1970 pasó a ser "salario mínimo interprofesional de crecimiento", que se ajustaba al aumento de los precios y a la tasa de crecimiento. Fueron fundamentales, porque dieron estatus legal a las condiciones mínimas que regían la condición salarial.

Estaba prevista, incluso, la indexación, y daba la seguridad de participar en el desarrollo económico y social.

Otro punto importante fue la mensualización de los ingresos laborales. El salario pasó a ser una asignación global a un individuo. Claro que los patrones no la recibieron con entusiasmo y los sindicatos desconfiaron, pero al ser negociados por rama de actividad, terminaron por imponerse. Fue un éxito indiscutible del Estado en su objetivo de impulsar un compromiso entre grupos antagónicos.

También hubo esfuerzos por distribuir el producto de ese crecimiento. Después de una gran huelga minera de 1963, se intentó implementar una política de ingresos, que nunca se concretó. Pero sí hubo una cierta distribución, porque los salarios y la productividad crecieron a ritmo, más o menos, similar y se beneficiaron todos los sectores, lo cual no significa que se hubiese reducido el abanico de jerarquías. Se crearon estructuras legales de regulación y, cuando empezó a disminuir el crecimiento, ese marco legal atenuó los efectos de la crisis. Un acuerdo de 1974 aseguraba una indemnización por desempleo de casi el 90 %.

Daba la impresión de que la sociedad salarial tomaba un camino ascendente, que enriquecería al conjunto de la población, y repartiría más equitativamente oportunidades y garantías.

Y lo mismo parecía suceder en la educación, la sanidad, el fomento regional, el urbanismo, la política familiar. En conjunto, el progreso reabsorbía el atraso de la integración que asomó al comienzo de la industrialización, a través del consumo, la propiedad, la vivienda sana, el acceso a los bienes culturales, al tiempo libre. En fin, todo apuntaba a la igualdad de oportunidades.

Ese avance se cortó. Según el autor, "La idea misma del progreso se ha derrumbado."

---

[18] C. Offe, *Contradictions of the Welfare State, op. cit.*, pág. 186.

CONCLUSIÓN

EL INDIVIDUALISMO NEGATIVO

Al presente, el nudo de la cuestión social es la presencia de "inútiles para el mundo", de "supernumerarios", los nombra el autor. Son quienes padecen de situaciones precarias, y no tienen seguridad del futuro, y manifiestan el aumento de la inseguridad masiva.

Tras siglos de sacrificios, dolores y lucha para que el trabajador tuviera un contexto firme y constante en su trabajo y su vida cotidiana, seguridades y garantías sociales, todo ello conformando una identidad, surge esta paradoja: volver a vivir al día, en lo que parecía la culminación de la "civilización del trabajo".

Esto de sufrir vulnerabilidad después de haber gozado de resguardos, no es un cambio superficial sino una metamorfosis total. En el paso de la *Gemeinschaft* (comunidad) a la *Gesellschaft* (sociedad), el cambio en el salariado cumplió un papel primordial, y aquel paso es irreversible.

Las transformaciones borraron los rasgos más antiguos del sometimiento del trabajador, en la compensación por medio de garantías y derechos, y el acceso a un consumo que no satisfaga sólo las necesidades elementales.

El asalariado pudo, en algunos aspectos, estar en un pie de igualdad con el propietario y con el trabajador independiente: este proceso no ha concluido, y muchas profesiones liberales pasan a la condición de asalariadas.

ES UN ERROR SOCIOLÓGICO HABLAR DE LA MUERTE DE LA SOCIEDAD SALARIAL PORQUE ESA SOCIEDAD SALARTIAL TODAVÍA EXISTE

El autor opta por enfocarlo así: las dificultades del presente no justifican renegar de una historia que instaló la urbanización, el sometimiento técnico de la naturaleza, el mercado, el laicismo, los derechos universales y la democracia. El riesgo de desechar por completo esa sociedad implicaría la pérdida de todos esos avances. Sí acepta que habría que cambiar LAS REGLAS DE JUEGO, aun cuidando de conservar lo que puede aprovecharse. Propone explorar a fondo esa metamorfosis en lugar de resignarse a su fin.

Es notable que nuestra sociedad es, cada vez más, de INDIVIDUOS. También podría verse el recorrido reseñado como el impulso al individualismo, y sus peligros. La protección social deriva de la pertenencia a un grupo. El individualismo, en cambio, sacude el débil equilibrio logrado por la sociedad salarial. ¿En qué consiste, hoy, estar protegido?

Antaño, las poblaciones marginales sufrían desamparo porque no contaban con ninguna protección, vivían fuera de una sociedad de clase.

---

[19] A. de Tocqueville, *L'Ancien Régime et la Révolution* (1ª ed., 1856), París, Gallimard.

"Nuestros padres no tenían... individualismo... porque... no había individuo que no perteneciera a un grupo... (había) una especie de individualismo colectivo...".[19]

Esto garantizaba identidad social y protección cercana. El individualismo moderno, en cambio, según Louis Dumont, "postula al individuo como un ser moral, independiente y autónomo, y... no social".[20]

El individuo actual sería dueño de empresa, luchando sólo por su interés, y sin posibilidad de encuadramiento colectivo.

Esta clase de individualismo, sumado a la persistencia del "individualismo colectivo", disimularon otro estilo de individualización, que se confunde con inconsistencia. Su ejemplo sería el vagabundo. Como es un individuo en estado puro, carece de todo. Queda expuesto, por excesivamente individualizado: se destaca sobre el trasfondo de las interrelaciones sociales.

ESTE SERÍA EL INDIVIDUALISMO NEGATIVO, DEFINIDO POR LAS CARENCIAS:

- Carencia de seguridad
- Carencia de bienes
- Carencia de vínculos

La metamorfosis que se inició a fines del siglo XVII surgió del cruce entre esos dos modos de individualización. El "positivo", intentó reordenar la sociedad sobre la base de contratos. Bajo ese orden, se exige a los individuos que sean autónomos. El contrato sería: "... una convención por la cual una o varias personas se obligan con una o varias otras a dar, a hacer o a no hacer algo".[21] El acuerdo tiene que ser voluntario, y entre personas independientes y autónomas.

Las nuevas reglas, no sólo no impulsan más protección sino que destruyen la pertenencia a grupos y agudizan el carácter anómico del individualismo negativo. Un ejemplo es la pauperización, que convirtió a una parte de la población industrial en amontonamiento de individuos sin cualidades.

Este deterioro sólo sacudió a una parte de la población, y fue suavizado por la contención de la cultura rural, por formas preindustriales de organización del trabajo que perduran, y por los aludidos modos de protección cercana.

Para quienes dependían de un contrato, el surgimiento de la sociedad salarial residió en pasar de la fragilidad de ese orden contractual a la solidez de un estatus. Este, en conjunto, redujo los factores de individualismo negativo. La relación laboral fue, cada vez menos, de subordinación personal, y la identidad del trabajador se basó, cada vez más, en los derechos conquistados en conjunto.

Este proceso fue el inverso de la individualización, porque incluía al trabajador en regímenes y convenciones colectivos. La división del trabajo determinaba intersección de colectividades reconocidas por el derecho. Además, había una vida social fuera del trabajo: barrio, club, café, sindicato.

---

[20] Dumont, *Essai sur l'individualisme*, París, Le Seuil, 1983, pág. 69.
[21] Código Civil, artículo 1101.

Hoy están en discusión ese orden colectivo, esas seguridades, esos modos de individualización. Los cambios tienden hacia una flexibilidad creciente, y parecen irreversibles. Los empleos se segmentan, los servicios crecen, y dan lugar a esa individualización de la conducta laboral. El autor expresa una idea bastante difundida: "Ya no basta con saber trabajar; también hay que saber venderse."

Hasta el ciclo de la vida se ha flexibilizado, y las etapas se prolongan. También las instituciones sociales tienden a esfumarse.

Estos cambios tienen diversos efectos en los distintos grupos. Hay casos en que algunos pueden liberarse y expresar mejor su personalidad. Hay otros en que las tareas se fragmentan, el trabajo se precariza, se sufre aislamiento y desprotección, y todo esto también se traslada a la vida social.

HAY UNA CULTURA DEL NARCISISMO. El autor sugiere que hoy está surgiendo otro individualismo, como metamorfosis del "negativo". Es consecuencia de la falta de contexto, y no del exceso de subjetividad.

El joven adicto de suburbio sería una especie de réplica del vagabundo de antaño, y su condición surge de la falta absoluta de vínculos, de contención laboral, familiar, social. También, carece de futuro. "Su cuerpo es su único bien... que él trabaja, hace gozar y destruye en una explosión de individualismo absoluto."

Sería todo lo contrario del culto al yo, porque obliga a evitar lo indefinido de su situación, a cuidarse para no desaparecer. Esta clase de individualismo es la de las personas demasiado expuestas, frágiles, en riesgo de destrucción.

Esta dicotomía se puede aplicar a la comprensión del reto que aguarda a la sociedad salaria, cuyo mayor triunfo consistió en generar un *continuum* de posiciones compatibles e interdependientes.

El despliegue del individualismo ha destruido esa forma de articulación. Proliferan masivamente el contrato y el enfoque local de los problemas. El intercambio social del presente empuja al individualismo.

Habría una especie de vuelta al pasado, cuando los individuos tenían que emplear sus propios medios para sobrevivir. Y parecería que la inserción posible, hoy en día, fuesen la "asignación y el acompañamiento, a cambio de un proyecto". Entonces, se les está pidiendo a las personas menos estables que hagan gala de autonomía. En sí, diseñar un proyecto profesional no es fácil en ninguna situación, ni aun en el caso de personas integradas.

La contención social estaría descentralizada, regionalizada, y las autoridades locales han recibido autoridad para clasificar los objetivos, definir los proyectos y tratar su realización con los interesados: esto se asemejan, en cierto modo, a la protección cercana.

Aquí hay riesgo de volver a formas paternalistas. Insinúa la reaparición de una antigua lógica filantrópica: "PROMETE FIDELIDAD Y SERÁS SOCORRIDO".

El derecho social también se individualiza. El trabajo se conviene por contratos por tiempo determinado, provisorios, de jornada parcial. Hay formas ambiguas de relación laboral. El Estado es impotente para regular en forma colectiva a una sociedad que se ha vuelto más compleja y heterogénea. Vemos aquí una paradoja, que se manifiesta claramente en la vida familiar: la individualidad se vive más plenamente cuando está sostenida por recursos objetivos y protección colectiva.

He aquí el centro del conflicto que acarrea la decadencia de la sociedad salarial. Si nos quejamos de la preponderancia del Estado, su burocracia, su ineficacia, no podemos, al mismo tiempo, criticar los cambios que tratan de atender las situaciones particulares. Además, es en vano, porque

LA INDIVIDUALIZACIÓN ES IRREVERSIBLE: "Quien no puede pagar de otro modo tiene que pagar continuamente con su persona..."

La contradicción es profunda, dice el autor. La sociedad corre el riesgo de una fragmentación indetenible, o de una polarización: de un lado, los que pueden gozar de individualismo e independencia porque tienen una situación social segura, y los que lo sufren, porque carecen de vínculos y de resguardos.

El autor se pregunta si el desafío recibirá una respuesta acorde, y propone llegar a un acuerdo sobre la dirección que debería tener el esfuerzo. Para él, el poder público sería el único capaz de tender puentes entre esos dos polos y dar un mínimo de coherencia a la sociedad. La economía aplica una fuerza centrífuga, y la solidaridad parece agotarse. No cree que estos signos signifiquen la necesidad de disminuir el Estado, pero tampoco más.

Lo ideal sería un Estado que acompañe el proceso de individualización, que neutralice las tensiones, impida las fracturas, y ayude a la recuperación de los caídos bajo la "línea de flotación".

"No hay cohesión social sin protección...".

No podemos esperar que esa intervención baje del cielo. Hay sectores que vienen haciendo esfuerzos de transformación desde hace unos años, pero, cuando hay peligro de naufragio, todos deben contribuir al salvataje.

SEGÚN CASTEL, NADIE PUEDE REMPLAZAR AL ESTADO COMO CAPITÁN DE MANIOBRAS PARA SALVAR EL BARCO DE LA SOCIEDAD, PORQUE ÉSA SERÍA SU FUNCIÓN PRINCIPAL

www.ingramcontent.com/pod-product-compliance
Lightning Source LLC
Chambersburg PA
CBHW012254240726
48655CB00009B/3315